Yūjin Koyama

PERLE

Tourment et amour ardent

esthétiques

© Esthétiques, France, 2014, 2015, 2016

Perle, Tourment et amour ardent, 1ère édition octobre 2014, Apple iTunes
Titre original : *Tama, umi no kurushimi to netsuai*

Tous droits réservés pour l'édition française et les traductions.
ISBN 978-2-9536805-8-4

Yūjin Koyama

PERLE
Tourment et amour ardent

Première traduction du japonais en français et en espagnol par
Marie Parra Aledo

Ilustration de couverture: © Yũjin Koyama, 2014

Yũjin Koyama, *Le chemin ardu de la vie - 1* (detail)
Acrylique, huile et détrempe sur toile, 72,7 x 116, 7 cm

Título original : *Sei no nanro*

Yūjin Koyama, écrivain, peintre, medecin

Yūjin Koyama est né en 1949, à Niigata, au Japon.
Docteur en médecine, il ne cesse tout au long de sa
vie de se consacrer à l'écriture et à la peinture. Tout en
s'investissant dans de nombreux aspects des thérapies
mentales et physiques, il écrit plusieurs nouvelles et
produit une œuvre peinte prolifique, avec quelque
mille dessins et tableaux sur toile.

Yūjin Koyama: brève chronologie

1973   Encore étudiant en médecine, deux de ses tableaux sont sélection-
nées pour l'exposition annuelle du Shinseisaku[1].

1974   Exposition personnelle à Tōkyō.

1978   Exposition personnelle à Paris.

1996   Il obtient le Prix Shinchō au Japon pour sa nouvelle *La défense du mammouth* (titre original *Manmmosu no kiba*).

2009   Il écrit la nouvelle *Éclosion* (titre original *Fuka*) tout en peignant sur les mêmes thèmes.

2011   Il est séleccionné pour l'exposition Memorial Aoki Nishinippon[2].

2014   Il écrit la nouvelle *Perle*, (titre original *Tama*) toujours en peignant sur les mêmes thèmes.

2014   Les nouvelles *Éclosion* et *Perle* ont été traduites en français, en espagnol et anglais.

2015   Dans le cadre d'une exposition au Musée international de l'art du verre de Abano Terme, Italie, il présente une vidéo rétrospective de son travail .Voir le site su musée : http://www.museodelvetro.it/

---

1   Société Art Nouveau (Shinseisaku) fondée en 1936 par sept jeunes artistes qui déclaraient qu'ils ne participeraient à aucune manifestation officielle autre que celles créées avec leur société, afin de promouvoir leurs positions anti-académiques. Depuis lors, de grandes expositions annuelles réunissent de nombreux talents dans ces divers domaines artistique. Voir le site partiellement bilingue : Shinseisaku

2   Memorial Aoki Nishinippon Art fait partie de la Fondation Ishibashi Ishibashi.

Du même auteur

Traduit du japonais en français et en espagnol
par Marie Parra Aledo
PERLE, 2014
ÉCLOSION, 2013

Traduit du japonais en anglais
par Stanley Anderson
INCUBATION, 2013

Traduit du français en anglais
THE PEARL, 2016

Traduit du japonais en français
par Marie Parra Aledo
Le jardin tropical, un amour très rare, 2016
Titre original : *Nettai hakubutsukan, taguimare na ai*

Introduction

La magie de la création

L'étude du processus créateur a souvent fait l'objet d'écrits théoriques dans divers domaines, mais rares sont les peintres, écrivains et poètes eux-même qui se soient exprimés sur ce thème.

C'est ce cours de la création que Koyama Yūjin s'attache à décrire en tant que peintre et écrivain lui-même.

Le mystère de la création artistique, écrit en 1938 par Stefan Zweig à l'époque de son exil en Argentine, explique ainsi le fait que les artistes qui témoignent de leur activité créatrice soient si rares :

> *...l'artiste n'a pas la capacité d'observer son propre esprit, et d'autant moins quand il est passionnément absorbé par sa création.*

De la même façon que :

> *...l'écrivain ou le poète ne peuvent regarder par-dessus leur propre épaule pendant qu'ils écrivent.*

C'est à ce jeu de miroir intérieur et d'auto-observation que le narrateur nous invite avec la nouvelle *Perle*, au cœur de la magie créatrice.

Inspiration, travail, pulsions, patientes attentes, délices et tourments se déroulent autant sur le tableau du peintre que dans la langue de l'écrivain, tous deux incarnés par le narrateur.

Dans le même esprit que dans une précédente nouvelle, *Éclosion*, Koyama Yūjin propose une plongée dans le monde du processus créateur, cependant moins tourmentée. Aux origines de l'acte de création, l'image peinte croise toujours le texte littéraire, l'un et l'autre s'inspirant, se nourrissant, mutuellement et la tension amoureuse se confronte à la solitude.

Par ailleurs, la lune et sa lumière, du moins la lumière qu'elle reflète et qui n'en est que plus mystérieuse, sont des éléments toujours intimement associés, dans la littérature japonaise, à la tension poétique où l'évocation de la lune est particulièrement récurrente.

Ikeda Kikan, dans son introduction à l'étude du thème de la lune dans le *Dit du Genji*, résume :

> *Enlevez les éléments contenant l'évocation de la lune dans la poésie et les récits de la littérature classique japonaises et il ne restera pas grand chose.*

Et plus loin :

> *La lumière de la lune, est, depuis les temps les plus anciens, associée au sentiment appelé en japonais* mono no aware.

De nombreuses traductions ont proposé une approche de la richesse poétique de ce sentiment si présent dans la littérature japonaise. Kawabata Yasunari le traduit par *étrange tristesse des choses...*

Aussi loin que l'on remonte dans la lecture des textes littéraires japonais, la clarté de l'astre de la nuit, est toujours attachée à des situations psychologiques tel que l'amour sentimental ou passionnel, la mélancolie, la solitude, la tristesse existentielle.

Dans le texte *Perle*, la lumière de l'astre lunaire pénètre l'artiste, porte son désir, se matérialise dans son œuvre et inspire intimement le titre même du texte.

Marie Parra Aledo,
présentation de la première traduction du japonais, 2014

PERLE

Tourment et amour ardent

I

Souriant dans l'effondrement

Je ne sais pas comment s'est produit mon effondrement.

Le vide, soudain, à l'intérieur de mes oreilles. Perception d'un bruit sec provenant du tympan, un bruit comme si l'oreille s'effondrait vers l'intérieur. Ou comme le cliquetis des osselets dans l'oreille, pensais-je, me remémorant plus ou moins l'anatomie de l'oreille interne.

Puis, un craquement plus explosif. En même temps qu'un cri aigu féminin, suivi d'éclats de rire comme ceux de jeunes filles légères. Mais le ton se fit plus triomphant, comme dans l'air de Papagena dans *La flûte enchantée* Mozart et, tel le piaillement de petits oiseaux, que chanterait une soprano, les sons, librement, se propagèrent dans l'espace, au-dessus des immeubles de la ville.

De plus la peur, en éprouvant la sensation que mon corps se pétrifiait, tel un morceau de bois où qu'il était saisi par la raideur cadavérique.

Je me sentis tiré par un fil gluant qui me collait au corps, qui dessinait une trace, comme vissée à la cochlée à l'intérieur de mes oreilles.

Le pire fut quand cette attraction s'accéléra et que dans ce tourbillon, je crus que ma tempe heurtait une pierre et que le sang jaillissait. Dans un énorme fracas, il sembla que toutes les vitres de l'immeuble se brisaient et que tombait une pluie de morceaux de verre. Je ne comprenais pas pourquoi tout devenait aussi noir comme dans une cave, alors que nous étions en plein jour.

« Ah ! Serais-je donc enfoui à l'intérieur d'un coquillage ! » me dis-je, me croyant au plus profond d'un gouffre qui semblait exactement être l'intérieur d'une conque, où j'entendais un son puissant, un rugissement, de ceux que l'on produit en soufflant dans ces grosses conques marines, un son menaçant, comme celui de trompettes annonçant quelque événements des plus importants.

Je ne fus pas dépossédé de ce que je portais. La perle que je détenais et sans cesse polissais. Elle ne subit aucun dommage pendant toutes ces tribulations.

Je me souviens que je considérais cette perle comme le trésor que je voulais protéger à tout prix et que je craignais plus que tout que, dans cette confusion indescriptible, quelqu'un ne me la dérobât.

De toute évidence, quelqu'un voulait s'en emparer. Peut-être justement, la soprano au rire strident. Il me sembla en regardant vers le ciel, que je croisais le regard acéré de cette femme, telle une ombre dangereuse flottant dans l'air. Ce dont j'étais sûr est qu'elle s'approchait avec la forme effroyable d'un démon et que je m'agrippais à mon trésor que j'aurais défendu jusqu'à la mort, pour qu'elle ne s'emparât pas.

Dans ma confusion mentale, devant ces apparitions cauchemardesques, je pensais que, dans tous les cas, je devais affronter mon ennemi. Je tirai un tissu qui flottait en décrivant une courbe gracieuse. En suspension dans l'air, des images d'une pure blancheur. Puis, quelque chose qui émettait un horrible grognement m'acheva en m'attaquant.

Pour l'heure, seule chose dont je fus certain, j'étais réduit à l'épuisement, ne sentant plus, pendant un moment, la présence maléfique. Effondré, je retrouvais dans une grotte dont les abords étaient en forme de spirale, flottant et aspiré lentement dans ses profondeurs.

II

Comment je conçus la perle

Les yeux fermés, je voyais se balancer doucement des cyprès semblables à ceux que peignait Van Gogh, avec la sensation que mon mollet s'enroulait sur lui-même et qu'il se refroidissait.

Je rentrais chez moi en boitillant à cause de cette torsion de ma jambe, me demandant si j'étais bien moi, dans mon propre corps. Dans un moment de conscience, j'essayais d'explorer ce que je pensais être chez moi, m'assurant que la clé qui ouvrait ma porte n'était pas une de ces clés de sécurité que l'on utilise dans les hôpitaux psychiatriques. En m'allongeant dans le lit, je tâtais les draps pour m'assurer qu'ils m'étaient familiers et que je n'étais pas sur un brancard aux urgences d'un hôpital. J'étais bien chez moi, dans ma maison située près d'un lac à Musashino. Je respirais de soulagement et m'effondrais dans mon lit, le sang battant mes tempes.

Je me voyais monter sans fin un escalier en colimaçon, comme entraîné dans une spirale en forme de coquille d'escargot. C'était un escalier extérieur, dont on avait gardé volontairement l'état brut de sa structure métallique, élément qui aurait pu cadrer avec la volonté d'originalité et de fantaisie d'un artiste. Quant à moi, extase ou délire, ces éléments décoratifs étaient loin de produire un tel effet, me ramenant au contraire, au cauchemar, comme à une véritable contradiction.

Il est vrai qu'avant de choisir d'être un artiste, je travaillais dans une entreprise où mon poste fut supprimé. Mais après la douloureuse épreuve du licenciement, je vécus une renaissance. N'était-ce pas là le cœur de mon problème d'aujourd'hui ? J'avais perdu mon emploi au moment de la crise financière japonaise que l'on appela « l'explosion de la bulle ». Inutile de dire combien je souffris, jusqu'à en trembler de tout mon corps, et combien je me sentis psychologiquement sombrer.

Personne ne pouvait imaginer que je me tournerais vers les arts, comme je le fis, et combien, par miracle, par l'art j'allais m'épanouir. N'est-ce pas là que la perle commença à me guider ?

Dans ma torpeur, à l'époque, j'arpentais la ville ici et là. De temps en temps, je peignais à la détrempe, dans des tons chauds, rouge corail, des tons qui me réchauffaient le cœur. Lorsque j'étais employé, j'avais nourri secrètement le désir d'être peintre et n'avais jamais arrêté de peindre et voilà que le moment de réaliser ce projet arrivait. Or, sans chercher à retrouver du travail, je m'immergeais dans l'activité de peintre, avec pour conséquence de me placer dans de grandes difficultés financières pour subvenir aux besoins de ma famille. J'étais si entièrement absorbé par mon art que je refusais de participer aux expositions que l'on me proposait.

La seule chose que je voulais c'était préserver la lumière, l'éclat lunaire qui pénétrait ma chair. Je voulais sauver la plus faible des lumières, la moindre goutte de lune, le plus infime reflet de la clarté de cet astre. Comme le corps étranger pénètre la chair de l'huître et devient perle, les images affluaient sur la toile et je les peignais, de la même façon que l'huître transforme le corps étranger en elle, le protège et lui donne forme, je façonnais ma perle.

Plongé dans mon art, oubliant les difficultés, je poursuivais, mêlant les techniques de la peinture occidentale pour leur charme et celle du *nihonga** pour ce qu'il a de plus doux. Et mon imagination enthousiaste me faisait créer sur la toile un monde fantastique fait de figures animales et humaines.

Alors se présentèrent des clients pour mes tableaux. L'inspiration ne me quittait pas et je fus assez inspiré pour créer un tableau que j'intitulais *Ensorcelée par une malédiction*. Je voulais traduire l'idée de mélancolie dans un visage de jeune femme.

Avant que tous mes tableaux ne fussent vendus, je fis une

exposition privée qui eut du succès, m'ôtant tout sentiment de doute et marquant comme une pause dans ma guerre contre l'adversité et faisant de moi l'homme qui tenais tête à l'obscurité.

Un jour, lors d'une exposition, je vendis tous mes tableaux exposés. Il n'y eut plus de place pour le doute. Le succès était là. Je prenais ma revanche sur ceux qui avaient ri de mes malheurs.

Cependant le succès pas ne vint tout de suite. Je peignais comme un fou et m'enivrais souvent pour maintenir mon énergie et jusqu'à en perdre mes forces aussi. Il arriva qu'un psychiatre consulté diagnostiquât, en se moquant de moi, une « maladie de la création ». Mais, je savais que ni fou ni malade je n'étais. Et cela me faisait bouillir le sang. Lorsque je m'absorbais complètement dans ma peinture, mes viscères et les muscles du ventre me brûlaient jusqu'au plus profond des reins. Je sentais monter un picotement au bout des doigts qui commençaient à me faire mal. Au fond de mes entrailles, le sang jaillissaient comme d'une source. Mon cœur laissait ce sang bondir. C'est là que je pris conscience de l'existence de la perle au sein de ma chair. L'éclat d'un Sirius m'emplissait, illuminant le ciel d'hiver de ma nuit qui, alors, n'était plus froid et absence de gaieté, comme si l'amour d'une femme m'emplissait intérieurement.

J'avais le sentiment de protéger en moi le plus précieux lapis-lazuli de l'ancienne Mésopotamie, comme si mes entrailles elles-mêmes étaient la chair d'un coquillage renfermant une perle.

Je réfléchis calmement, la regardant, enveloppée dans la tiédeur parfumée de sa peau, la caressant comme on caresse la peau de la personne aimée. Le célibataire que j'étais redevenu était-il incapable de trouver quelque chose de supérieur à l'euphorie que cette perle m'apportait, comme le rêve de l'amour éternel auquel on aspire ? Existait-il quelque part quelqu'un qui aimât comme j'aimais mon art ? Dans toutes les réunions où je me rendis, je n'en vis aucun. Quelques-uns de mes amis, perplexes, appelaient cela un suicide. Je devins impatient et ne cédai jamais. Je me confiai à l'une de mes connaissances qui, se disait poète, se montra pourtant indifférent.

Cependant, c'est un musicien, une personne d'une grande sensibilité qui prit mes tableaux en considération. Il me proposa de jouer en s'inspirant du rythme de ma peinture, m'invitant à une collaboration avec lui. On projetterait l'image de l'un de mes tableaux sur grand écran, tandis que, placés sous l'écran, les musiciens joueraient. Cela fut fantastique et je me souviens de mon émotion jusqu'au fonds du ventre, entendant la musique qu'il avait composée pour et avec mon tableau et le son du marimba qui résonnait merveilleusement, me plongeant dans une extase et un plaisir dignes de ceux d'un Dionysos. Mon art pouvait-il donc produire une telle extase et un tel plaisir ? Avec cette approche musicale, je compris que ma perle avait une plus belle brillance et je la rangeais maintenant dans mon cœur.

Toutefois, les opportunités de nourrir mon désir étaient rares, autant que le danger de perdre ma perle étaient grands et cela m'attristait. Des contrefaçons de mes peintures circulaient et par ailleurs, je dus engager des dépenses pour me défendre des gens qui lançaient des critiques malveillantes que l'on devrait appeler plutôt des médisances. Certains restaient proches, que je n'aurais pas cru capables d'une telle proximité. Tel ami, par contre, se faisait soudain silencieux au sujet de mes peintures, tandis qu'un autre qui venait de s'enrichir énormément et de manière inattendue se détournait de moi.

Quand le succès est assorti d'inconvénients qui vous tiennent confiné dans la prison des honneurs, peut-on encore se prévaloir de ce succès-là ? Cependant, ma volonté de protéger ce qui comptait le plus pour moi ne faiblit pas et je ne pus éviter la dépression qui s'annonçait, me poussant dans une solitude sans fin. Au contraire, je n'en aimais que davantage la perle qui se développait dans mon cœur. L'énergie créatrice coulait sans interruption du plus profond de mon être laissant un nombre infini d'images émerger sur la toile, sachant que si je continuais à écouter le murmure secret de la perle, je ne cèderais jamais à aucune menace ni à aucune inquiétude.

III

Pour le meilleur et pour le pire

Naturellement, j'étais résolu à continuer ma voie. Je protégerais le mieux possible ma perle, trésor fragile que je continuerais à lustrer et à polir afin d'en augmenter sa beauté et avec toute l'attention d'un travailleur constant. Pour cela, tout d'abord, j'étudiais mon environnement immédiat en commençant par un examen attentif du plafond de mon atelier. Celui-ci avait la forme d'un dôme semblable à une voile de bateau gonflée par le vent. Son centre allait en s'élargissant. J'y installais à l'intérieur un conduit équipé d'un diffuseur de lumière. Recouvert d'écailles, cela lui donnait l'allure d'une queue de dragon se tordant vers le ciel. L'appareil acheminerait la lumière par le tube réfléchissant.

Par son incrustation dans le plafond, je percevais d'autant

mieux la lumière renvoyée en sept couleurs, à travers un prisme. Les rayons lumineux se reflétaient sur la partie de métal colorée et se dispersait en différents faisceaux de couleurs. Un récipient en verre, un gros vase rond de fabrication italienne, posé sur la table juste en dessous, se remplissait de lumière contenant toutes les couleurs de l'arc-en-ciel, offrant un effet lumineux enchanteur.

La nuit, je brûlais de l'encens de myrrhe. Dans la fumée qui s'en dégageait, au centre de l'atelier abondamment baigné par la lumière de la lune, apparaissaient des étincelles de poussières dorées, créant des nuages de lumières du plus bel effet.

C'est pourquoi, plus tard, j'appellerais cette installation le « merveilleux appareil à lumière ». Je tremblais de tout mon corps et les larmes de mon âme résonnaient comme des billes rebondissant sur le sol. Il semblait que de petites étincelles voletaient dans le voile de fumée d'encens et me revint alors à l'esprit un haiku que j'avais lu la veille, qui, comme ce soir-là, était aussi une nuit de pleine lune :

Par une nuit claire de fin d'hiver la lune traverse
le ciel en apportant une étoile.

Je déposais mon trésor sur le sol et le recouvris de tuiles bleues que l'humidité faisait briller, ondulant les unes près des autres, telles un assemblage en mosaïque. Je projetai de laisser la perle ainsi, sans oublier de lui apporter l'élément marin dont elle avait besoin, étant donné que nous étions en milieu urbain.

Mon projet était de connaître le chemin qui conduisait au chef-d'œuvre que Yokoyama Taikan* peignit vers la fin de sa vie, dans la technique du dessin à l'encre sur rouleau de soie, intitulé *Métempsycose*.

J'étais en train d'envelopper la perle lorsqu'un visiteur importun se présenta. Le regard fixé vers le sol, il semblait vouloir me surprendre en train de créer mon œuvre.

Cependant, était-ce l'air empli du mystérieux encens que j'avais fait brûler, mais il semblait que celui-ci provoquât chez moi quelque désorientation mentale, ou bien, le vertige de l'exaltation, à moins que ce ne fût l'intuition d'un danger.

Peut-être ma passion même avait-elle le pouvoir de convoquer les esprits diaboliques ? Je m'étais fait le prisonnier d'une perle à travers laquelle brillait peut-être un esprit maléfique et l'inquiétude qui oppressait mon cœur finit par se faire de plus en plus forte.

Un sifflement que je percevais sans discontinuer ajouta à l'étrangeté de l'impression d'un destin scellé. Un acouphène auquel il fallait que j'échappe d'une façon ou d'une autre !

IV

Acouphènes légers

Il était indispensable tout d'abord, de consulter un ORL afin de trouver comment résoudre ce problème angoissant d'acouphène et traquer ce diable qui avait pénétré mes oreilles. Ce fut péniblement que je me rendis chez un otorhinolaryngologiste, lequel, s'aidant d'un diapason, tâtant mon front et mon crâne, m'interrogea sur ce bruit d'eau que je percevais dans les deux oreilles. Il portait un masque médical et tandis qu'il augmentait le volume sonore des sons qu'il me faisait écouter, il pointa l'intersection entre les deux parties de l'oreille interne sur une image projetée au mur qui représentait la cochlée de l'oreille. J'entendis un bruit sec comme deux choses s'entrechoquant et un vertige de panique s'empara de moi au point que je crus tomber du fauteuil, tandis que l'ORL, sans le moindre sentiment, parlant d'hallucinations, fixait continûment l'image de la cochlée et précisait qu'il y avait là une lésion. Cette explication pathologique ne me suffit pas. Le médecin me demanda comment je me sentais, tout en regardant l'image de mon oreille.

Je me relevai affaibli, surpris. Espérant un traitement, je pressentis que mon espoir serait vain et il me fut odieux de lire dans son diagnostic combien il l'était en effet. Tenant en main une ordonnance pour un diurétique qui agirait, selon lui, contre une pression intracrânienne trop élevée, je rentrai chez moi d'un pas rapide. Je bus le liquide prescrit au goût de gin doux-amer qui réchauffa ma langue sans m'enivrer cependant. S'il s'agissait réellement d'un problème lié à cette matière essentielle à la vie qu'est la lymphe, qui aurait entraîné un œdème de la partie molle de la cochlée, je pouvais désormais penser que j'allais être libéré de ce problème.

Mais, dans les jours qui suivirent, j'entendais des bruits sourds. Comme un grognement provenant des fourrés au sein d'une forêt. Les acouphènes et leur grésillement continu ne disparurent donc pas.

Je fis un cauchemar où je me voyais repoussant le gros escargot de la cochlée dessiné sur mes joues avec leurs yeux parfaitement ronds. Je percevais venant du plus profond de l'oreille quelque chose qui battait comme de l'eau chaude jaillissant d'un geyser ou le battement de l'écoulement du sang ou l'écho du clapotement de l'eau dans une salle de bains. Voulant me taper la tête contre le mur, j'échappais à ce sifflement en sombrant dans la folie.

V

Un visiteur

Une dizaine de jours à peine après le « délire du coquillage » et ces étranges histoires, le jeune homme au visage juvénile et tourmenté vint me voir dans mon atelier que j'ouvrais le dimanche pour y donner un cours de peinture et recevoir ceux qui s'intéressaient à mes tableaux. Je ne voulais pas tenir cachés mes trésors. Je voulais que mes tableaux provoquent des rencontres où l'on confronterait des expériences, et, bien sûr, toujours davantage polir ma perle.

L'homme, jeune, d'environ une trentaine d'années, s'appelait Ootani Senichi. Il était chirurgien à l'hôpital. Depuis son plus jeune âge il avait manifesté des aptitudes artistiques et j'étais extrêmement heureux de la visite d'une personne ayant une telle personnalité, n'aurait-elle lieu qu'une seule fois.

Cheveux courts, visage carré, sanguin, corps solide. Ce furent là les traits que je remarquai ainsi que la peau des mains abîmée, certainement par les produits désinfectants qu'il utilisait dans son métier. Puis, le fait que ses doigts étaient fins, ce qui devait faire de lui un chirurgien doué. Soudain, j'imaginai alors ces mains intervenant sur des organes, dans une mer de sang, agissant avec indifférence -le mot français « sang-froid » me vint à l'esprit, et sa traduction littérale en japonais « sang froid » pour accomplir une action calmement. Il y avait une absence de limite entre calme et cruauté, que je sentais dans cette expression et je commençais à ressentir le désaccord intérieur qui existait chez cet homme jeune et solide. Lui, ne percevant pas mes pensées incertaines, regardait distraitement l'atelier, levant la tête vers le plafond, gardant la tête droite alors que le sol semblait onduler doucement, devant la lumière émise en tourbillon et comme avec un air détaché, faisant une légère moue comme s'il était en train de se dire qu'il était entré dans un endroit bien étrange.

Le hasard faisait que nous venions tous deux de la même région, une région souvent abondamment enneigée, et qu'au lycée, tous deux étions parmi les plus jeunes élèves. Comme il était proche de moi, il aimait se considérer comme mon aîné. Soudainement, il lança :

« Je me serais suicidé s'il n'y avait pas eu l'art. Ou je serais devenu fou.

Et disant cela il me surprit encore et devant mon air surpris, lui-même étonné, il poursuivit :

- Mais en même temps, sans doute, l'art est une lame à double tranchant, parce que des peintres qui peignent et se suicident, il y en a aussi. L'acte de peindre peut être aussi un poison qui fait perdre l'esprit.

En l'écoutant parler, je souris et hochai la tête, puis, soudain, je me demandai s'il se pourrait que ce jeune homme qui s'exprimait aussi abruptement, eût pu savoir quelque chose à propos de l'existence de ma perle et je le considérai alors encore différemment.

- J'aimerais maintenant que des peintres expérimentés et reconnus sauvent cette œuvre que moi je ne pourrai pas finir, et... ».

Et disant cela, il sortit d'un sac en tissu un tableau en trois parties, qui pouvait faire penser à un Saint Antoine terrassant démons et diables malfaisants, tel qu'il apparaît souvent dans ses brillantes représentations du Moyen Âge européen. Il s'était probablement représenté lui-même dans le personnage central jouant du sabre. La technique manquait d'assurance mais le tableau avait une force. Il s'était donc battu à ce point pour produire ce tableau... avec ces créatures mi-humaines, aux pieds du personnage central, maniant le sabre contre des apparitions en forme d'oiseaux préhistoriques ou de crapauds vérolés. Et que voulait-il montrer avec ces figures ?

J'observai le jeune homme avec un regard différent. Je ne le voyais plus comme au début de la rencontre. Je le regardais maintenant avec plus d'intensité et remarquai un léger tremblement de ses paupières comme si quelque chose l'avait effrayé, malgré la force spirituelle qui semblait être la sienne et que son visage même exprimait. Comme blessé, il baissa la tête et changea de sujet en disant :

« Quoi qu'il en soit, monsieur, voudriez-vous voir la façon dont je peins ? »

Il disposa la toile sur un chevalet, tenant un pinceau plat de la main droite et s'apprêtant à peindre. La main et l'extrémité du pinceau tremblaient. Était-ce la crampe des doigts que l'on appelle « la crampe de l'écrivain » ou bien un état de soudaine incertitude. Ce que je voyais était fort habilement dessiné. Il s'apprêta à poser une petite quantité de peinture sur la toile du mieux qu'il pouvait, quand, au bout d'un instant, le pinceau tomba. Il leva les yeux au ciel. Et comme un taureau blessé, émit un grognement sourd. Au même moment, la poche gauche de sa chemise se gonfla. Il l'empoigna et la tira fortement.

Affligé, il sortit de la poche une petite boîte blanche. J'étais dubitatif, absorbé dans mes pensées, le voyant tenir la petite boîte blanche en plastique face à moi. Elle contenait une conque d'appel de celles que l'on appelle « conque en trompe des dieux », blanche, et portait l'inscription d'un numéro à l'encre bleue, probablement celui d'un centre de production, ainsi qu'un nom de label, écrit en plus petit.

Encore, me demandai-je à ce moment-là, pourquoi un être humain apparaîtrait-il sous la forme d'un coquillage ? Pour moi, hypersensible, qui réagissais aux surprises avec émotivité, je ne pus m'empêcher de le soupçonner d'avoir des motifs cachés. J'entendis un bruit léger et mat, tandis que mon cœur était partagé entre deux pensées oscillant entre deux mondes, d'une part une grande clarté d'esprit, d'autre part un sentiment de confusion. Bien que pleinement conscient, je commençais à trembler. Il posa la petite boîte.

« Ce coquillage n'était plus bon qu'à être jeté, mais, je n'ai pas pu me résoudre à m'en séparer et je conserve sur ma poitrine sa blancheur immaculée. »

Je m'inquiétais de la façon de parler de l'homme, mais comme il avait adopté cette conque blanche, la conscience disparaissant avec le corps, comment pouvais-je être aveuglé par une forme qui n'était jamais qu'une forme en spirale ? Un sentiment vertigineux annonçait le début d'un phénomène et un bruit terrible de coquillage dans le fond de l'oreille me firent penser qu'il s'agissait d'une illusion produite seulement avec une conque plus petite.

Le jeune homme me fixait moi qui avais l'impression d'avoir reçu une gifle et d'être en train de me cacher. Il murmura, de façon suggestive :

« Après tout... pour vous monsieur...

Cela était irritant, et je ne pus m'empêcher de demander pourquoi.

- En fait, j'ai subi un symptôme similaire. Les profondeurs d'un coquillage ayant des tentacules collantes, m'apparaissaient chaque nuit. Quand j'étais à l'agonie dans ce cauchemar et que je me réveillais, le pyjama en désordre entortillé sur le corps et l'estomac retourné au bord du vomissement, l'apparition s'enroulait maladroitement comme un coquillage. J'appelais cela que « le délire du coquillage ». Comme si j'avais étreint une femme et dansé comme un fou, enragé dans une aventure amoureuse pleine de jalousie.

- Je suis très étonné d'apprendre cela. Je crois savoir de quoi il s'agit.

Cet intérêt finalement s'estompa. Le jeune homme bougea et j'esquissai un sourire froid, restant calme. Je lui demandais s'il était un homme ou un prophète.

Dans la soirée je rentrai chez moi, hanté par la sensation que l'ombre d'une forme en spirale me suivait s'enroulant autour de mes pas. Ce jeune médecin ne m'avait-il pas ensorcelé par quelque habile tour de magie ? Ne se serait-il pas joué de moi par un artifice de sorcellerie provoquant l'hallucination d'un insecte lumineux qui me tournait autour, en émettant un bruit crissant.

Cette clarté de demi-lune brillante étant légèrement différente, mais je n'avais pourtant jamais montré la perle. Serait-ce un mensonge ? Me reprochant cette pensée, je retournai à mon extase, bus un verre d'un excellent sake, dansant sur les traces de cette spirale brillante qui émettait un rire bruyant comme un cri de victoire lancé au ciel. Le mouvement partait du centre de mon ventre jusqu'au cœur, me faisant cesser de respirer. Un insecte puant me montait sur le corps. Celui-ci durcissait. Le combat n'allait pas à mon avantage et me menait à la torture. Ce fut une nuit passée à transpirer.

VI

Sentiments en cascades

Le lendemain matin, la voix encore ensommeillée, je réveillais le jeune homme pour parler de ce qui s'était passé la veille. Tout en m'écoutant, il affichait un air sûr de lui comme si il savait ce que j'allais dire, buvant lentement son café. Alors que je montrais un visage de colère prêt à exploser, il se mit à parler :

« Moi aussi, la première fois, je me suis demandé avec angoisse si je n'avais pas des hallucinations ou si je ne délirais pas. Mais, grâce à quelqu'un envers qui je suis reconnaissant, j'ai pu ne pas sombrer dans le délire.

- Ah ? Et.. qui était-ce ?

- Une femme... que vous connaissez. Une artiste qui est décédée il y a deux ans. On n'a jamais élucidé sa mort.

Cela me surprit, mais il répéta :

- Oui... cette femme...

Il s'agissait de Rikako, une femme belle et indépendante qui m'avait énormément inspiré de sentiments, à la fois d'amour et de rejet. Deux ans plus tôt, elle s'était noyée. On avait retrouvé son cadavre dans la rivière Dobu, près de chez elle. J'appris qu'un an avant cela, elle avait montré des signes de faiblesse et de détresse mentale. Son visage émacié avait perdu sa beauté. Son discours était incohérent et elle ne sortait plus de chez elle.

Elle avait atteint le sommet de son art un peu avant les années 1978. Précurseur dans l'art du tableau-roman, elle avait eu un large public. Elle peignait des femmes aux longs cheveux noirs ondulant, aux formes sensuelles, aux lèvres fines, aux hanches étroites et au balancement léger, devant lesquelles les rumeurs masculines ne faiblirent pas, demandant si elles poseraient pour eux.

Ah... Ce jeune homme aussi avait donc eu une relation avec cette femme.. Cela me rapprocha de lui.

J'avais eu avec elle une relation plus ou moins officielle. C'était juste avant que mes tableaux ne commencent à se vendre. Assez rapidement, nous étions devenus intimes. Le ressentis la force de son regard dès qu'elle le tourna vers moi, comme celui de l'aigle fondant sur sa proie. L'âme d'animal sauvage de cette femme, passionnée, au beau visage, allait faire de moi une de ses conquêtes. Très proches l'un de l'autre, nous nous partagions entre nos deux ateliers, pénétrant avec délice les secrets de l'art et paradis de l'autre. Et à l'époque, les coulisses de l'atelier d'une artiste à la mode, était un paradis où s'offraient en abondance des fruits précieux. Je me souviens combien, pour moi, ses peintures étaient comme les bijoux dans un coffre empli de trésors.

Toutefois, la femme cruelle soufflait le chaud et le froid, oscillait entre amour et haine, décevant et brisant les délices de mon affection envers elle. Dans sa froideur de cœur, elle lutta aussi contre son art, sombrant dans la dépression progressivement, alors que j'étais près d'elle. Encore aujourd'hui, je m'étonne qu'elle ait pu produire des tableaux dans l'état où elle se trouvait.

Comme je le disais, je subissais alors l'animosité et les attaques de mon entourage, mais, c'est elle, elle en particulier, qui m'attaqua sans avoir conscience de sa violence. Avec cynisme, c'est là qu'elle commença à critiquer sérieusement ma peinture, n'hésitant pas à m'insulter alors même que nous étions en public, dans ces réunions où l'on tombe toujours sur l'un ou l'autre des artistes du moment.

« Tu as copié un tableau auquel je tenais beaucoup !
me lança-t-elle soudainement, poursuivant :
- C'est certain que ton *Ensorcelée par une malédiction* est une copie d'un de mes tableaux. Et tu sais l'importance que mes tableaux ont pour moi. Malgré ton sourire incrédule, je sais que tu as copié un de mes tableaux dans mon atelier. Tu ne peux pas nier que tu m'as dépossédée de mon tableau !

Je réagis à cette accusation par la colère, mais tout en refusant ces reproches, en même temps, quelque chose me murmurait que si le modèle et sa représentation sont deux choses distinctes, il était possible que j'aie pu voir certaines de ses esquisses où elle transparaissaient les actes de maltraitance qu'elle avait connus alors qu'elle était jeune fille.

Dans mes errements, donc, je commençais à prendre conscience de mon plagiat, de sa confusion et cela me fit souffrir. Et si son désir n'était que l'ambitieux dessein, entre autres choses, de me garder près d'elle ? Si ce n'était que cela ?

J'avais fait en sorte d'être suffisamment capable d'imiter afin d'atteindre un bon niveau dans mon art. Mais, elle s'était sentie blessée par ce qu'elle appelait ma mesquinerie qu'elle voyait comme le véritable trait de ma personnalité, et elle commença à s'effondrer. Je la perçus alors échevelée, certains traits de son visage ayant disparu et avec un visage d'ogresse, glaçant.

« Non, ne vous inquiétez pas pour cela.

dis-je à l'homme, motivé par la gravité de la dispute avec elle et la raison qui l'avait soudainement poussée à se suicider socialement. Le jeune homme disait avoir éprouvé de la compassion envers elle :

- J'ai eu beaucoup de mal à traiter avec cette personne compliquée, moi aussi.

Il éclata en sanglots. Peut-être, le fait de parler à une personne d'âge mûr lui était-il pénible et peut-être cela avait entraîné sa chute...

Dans le cas du jeune médecin qui perdit confiance, dans un tourbillon, comme le signe avant-coureur apparu en même temps que le souvenir de la forme de spirale. On aurait dit un coquillage qui apparaissait complètement couvert, aussi dur qu'une pierre, annonçant que les sentiments disparaîtront dans ce vortex qui engloutit tout. Je m'adressai à lui avec des mots qui ne m'étaient pas familiers :

- Une paille ? Un petit coquillage ? Pour quelle raison ?

- Les sentiments sont un poison dans le poison. Sentiments dont il faut se méfier tout comme des obsessions.

Disant cela, il levait les yeux au ciel. Toute maladie finit par terroriser l'âme, même celle d'un jeune chirurgien.

VII

Pression

Où que je sois, même pendant la journée, le visage effrayé du jeune homme me suivait que je ne pouvais oublier.

De retour chez moi, le soir, en ouvrant ma porte, je m'arrêtai, glacé de peur, sentant une présence dans la pénombre de la pièce. Comme toujours, mon merveilleux appareil de lumière éclairait joliment l'espace, mais ce soir-là, il me sembla qu'une présence flottait.

« Et si quelque chose avait été attiré par la perle ? » pensais-je.

Mon visage déformé se refléta dans le réflecteur-diffuseur et je ressentis un vertige. Le visage semblait vouloir crier de peur. Mais aussitôt la présence disparut.

Au-dessus de moi, flottait quelque chose comme un charme

que je n'identifiai pas. Je sursautai en arrière, retenant ma respiration, mon regard parcourant l'espace. Les ombres des objets éclairés par la lumière qui se reflétaient dans l'appareil capteur de lumière semblaient normalement tranquilles.

Ce que j'avais ressenti un instant auparavant, n'était-ce pas seulement une présence surnaturelle ? Peut-être avais-je la capacité de rendre visibles les formes imaginaires que je peignais sur mes tableaux, moi qui m'opposais tant à la représentation réaliste des choses que je voyais si ennuyeuse, et même si, d'autre part, dans mes extases, ces illusions me semblaient souvent des moments de grâce.

Naturellement, bien que l'on pût dire de certains sentiments qu'ils peuvent rester « sans réponse, comme cachés », une nouvelle conviction était née. Quelqu'un était attiré par la perle !

La distance entre ma tête et mon corps diminua progressivement. Je sentais quelque chose de menaçant derrière moi. Le matin, j'en oubliais de me raser et en robe de chambre même, je sortais arpenter le quartier.

Tandis que je me retournais souvent pour regarder derrière moi ce qui se passait, des choses apparaissaient et disparaissaient, me faisant penser qu'elles étaient en relation avec mon style de peinture, mais je n'en étais pas complètement certain. Serait-ce que du fond de mon ventre cette chose que je tenais secrète se serait mise à se moquer de moi, par jalousie ?

Penser cela, jusque-là, c'était avoir pour compagnie le monde des esprits, ceux des montagnes et des rivières. Dans ce cas, j'adopterais désormais une stratégie : laisser le champ libre à mon imagination. Cela excitait mon esprit rationnel. Quelque soit ma peine et mon infirmité et même si j'allais au devant d'une catastrophe, ce n'était pas une nourriture qu'un artiste pouvait refuser. Cette crise, à on sens, était due au charme de ma perle, à la peur des enfers.

Alors que je rentais chez moi d'un pas léger, je m'éloignai du tumulte de Tokyo et m'enfonçant dans un parc. J'étais entouré de rangées de cerisiers et j'entendais le bruit sourd de mes pas sur l'herbe. Les arbres étaient en pleine floraison, formant de gros paquets de fleurs brillantes dont il me semblait entendre le murmure aux sonorités métalliques, bruissant dans le vent. Mais, il me sembla aussi voir un visage sur le gazon du parc et je sentis un vent froid dans le dos. Alors que j'étais en train de me dire qu'il s'agissait peut-être des signes d'une fièvre du soir, peu après, les tendres fleurs de cerisiers se mirent à voler. Je ressentis autour de moi une pression qui troubla ma vision, me faisant voir une fine peau plissée qui se détachait. Comme si j'enlevais le masque que j'utilisais jusque-là pour m'isoler du monde. J'écarquillai les yeux. Peu de temps avant, l'air qui frôlait mes joues n'avait semblé différent.

Puis, l'ombre de quelqu'un s'arrêta net devant moi. De loin, une forme surnaturelle se rapprocha de moi.

Dans une position presque étendue, sur un banc exposé vers le soleil, une femme était allongée. Des pétales de fleurs de cerisiers se posèrent sur sa chevelure noire. Alors que je m'en approchais, soudainement, elle souleva la tête, laissant voir de grands yeux sous ses cheveux.

Je pensais que ce pourrait être Rikako. Mais, les yeux brillants, aussitôt je me demandais pourquoi ce serait elle et pourquoi en cet endroit. Celle dont le fascinant sourire avait captivé tous les hommes, m'invitait maintenant :

« Je sais quelque chose, moi, celle que l'on recherche jusqu'au bout du monde... Tu ne perdras pas la beauté de la perle, que n'égalent ni l'amour ni les fées, non !

L'air énigmatique, elle me fixait d'un air interrogateur et l'on eût dit que le bercement de son sourire m'entraînait vers le fond.

Je sentis ma langue se tordre et je m'entendis prononcer sans le vouloir :

- Ah... Comment ? Non !

Elle eut un rire méprisant :

- Jusqu'au dernier moment, feras-tu donc semblant ?

Un sourire mystérieux aux lèvres, elle clignait des yeux. Des yeux noirs, comme si elle avait été un corps céleste prestement du vaste cosmos qui l'abritait.

Un vent s'insinua entre nous. Sur l'herbe du parc, autour de nous, comme dans une tempête, tourbillonnaient des pétales de fleurs de cerisiers en grand nombre. Lorsque tout redevint calme, la forme de la femme n'était plus là. Je m'effondrai sur le banc. Dans le parc, quelques rares silhouettes seulement. Les reflets brillants des fleurs de cerisiers. Je ris moi-même de mon erreur.

Cette voix... Ces yeux noirs luisants... Quelle drôle de rencontre. Cette... je ris de moi-même. Mais, par la suite, où que je sois, je sentais la pression de l'insatiable ténacité de cette personne.

Encore tout étourdi, de retour chez moi, alors que jusque-là je n'avais pressenti aucune menace, je sentis quelque chose de dur près de mon merveilleux appareil de lumière. Mais, aurais-je les moyens de défendre ce que les gens communément ont perdu, la passion et la dignité, qui explosait comme une rafale en mon cœur ? Surpris par des sons indistincts, je regardais intensément du côté de la chaise, les yeux grands ouverts, mais rien n'indiquait le moindre signe d'hostilité. J'étais certain qu'un bruit heurtait mon oreille, comme lorsque l'on se sent « frappé par un sentiment ». C'était un acouphène léger, comme le son d'une flûte, qui me réveilla. Je me souvenais de l'étrange scène et les paroles d'un haiku me revinrent à l'esprit :

> *Le sifflement du vent d'hiver contre la haie semble*
> *conter les vicissitudes de la riche vie amoureuse*
> *d'une femme.*

Il est vrai que j'avais le sentiment d'entendre le timbre aigu de voix féminines. En même temps, je craignais horriblement d'être piégé par quelque tour de magie.

Bien que, peut-être, avec le charme qui s'était emparé de moi au parc des cerisiers, j'étais en présence de la réincarnation de Rikako. Peut-être étais-je en train de me pencher sur son épaule et ce murmure était-il le mouvement de sa chevelure... Peut-être, des esprits diaboliques viendraient jusqu'à mon lit de mort se jouer de moi, me provoquer et m'entraîner vers les enfers...

VIII

Un rêve éblouissant de beauté

Le bruit inquiétant du coquillage venant du fond des oreilles me torturait et je ne pouvais lutter contre lui. Peu après, perplexe, je perçus le bruit de quelque chose que l'on tapait sur le sol. La grande ville, ses éclairages et ses lumières tournoyaient au-dessus de ma tête, comme si, en même temps, une chape sonore m'enveloppait. Alors que je voyais, dans une faible lumière, cet escalier en colimaçon se déroulant à l'infini, à la tombée de la nuit, j'eus l'impression d'être piégé à l'intérieur d'un absurde coquillage géant.

« Ah ! Et bien ! Lever de rideau ! Voilà donc l'ouverture de ce que le jeune médecin appelait « Le délire de coquillage » ! Nous y voilà ! »

me disais-je, pensant avoir été manipulé ou magnétisé et me

laissant tomber sur le canapé, fixant le plafond, avec la sensation qu'à partir des genoux, le bas de mon corps se raidissait. Attentif alors à la moindre possibilité de quitter ce piège, montant cet escalier sans fin, quelque chose vint vers moi. Un éclairage montra une ombre qui me tomba dessus. C'est là que je réalisai qu'une lumière froide m'enveloppait.

Je sentais la présence de quelque chose dans un voile de brouillard qui prit l'apparence d'un filet. Un visage se rapprochait. Si proche que nos fronts se frôlèrent. Mais, portant une auréole et transparent, je doutai que je fusse vivant. Cependant, je fus certain de sentir ma respiration. Ma colère était insupportable. Le visage tordu, dans un sentiment de rancune, je m'enroulais sur moi-même, au centre du tableau, avec une expression enfantine. Le visage, autant que je m'en souvienne, avait une canine acérée sous l'arête du nez. Ce croc m'emporta l'oreille droite sans épargner une seule mèche de cheveux. Là où il n'y avait plus qu'un trou à la place de l'oreille, une langue humide arriva au dernier moment, crevant le tympan et léchant l'intérieur. Nausée, violence et plaisir se mêlaient. La canine de ce démon ne se préoccupait pas de la confusion de la chair et du sang. Des bruits secs de déglutition, parvenaient du fond de l'oreille.

Mon champ de vision s'obscurcissait. Puis, un bruit sec remarquable et, sous mes yeux, quelque chose qui roulait. De nulle part, surgit la perle. La perle qui aurait dû être cachée au plus profond du secret de mon corps, roulant en une jolie parabole !

Je souhaitais plus que tout me matérialiser dans mon « merveilleux appareil de lumière » et davantage encore que cette lumière fît briller la perle à tout jamais !

Un long doigt se tendit vers la perle que je tenais, comme pour émettre un pouvoir magique et me contrôler. Saisissant la perle, je la tins au creux de la main, gardant la main fermée, bien qu'avec délicatesse.

Dire que la beauté peut causer à la fois intense jalousie et surprise, n'est pas nouveau. Ma main enserrant le cœur de la beauté que représentait cette perle, je ressentis combien un regard triomphant m'observait dans mon agonie. Un visage plein d'arrogance qui prenait avantage sur moi. Je n'allais pas cacher une forme qui me faisait frissonner et goûter l'exquise beauté de la perle. Puis, le son de quelque chose que l'on avale. Un bruit de déglutition de quelqu'un qui, avec un plaisir exceptionnel, avalait la perle.

Réduit à une profonde dépression, à la vue d'un visage sans expression qui me fixait agressivement dans une étrange et pâle lumière, je vis à l'endroit des deux yeux, deux perles qui m'attendaient ! Autant j'avais pu aimer infiniment la perle, autant maintenant je baissai froidement les yeux ! En dépit de la haine que je ressentais que faire d'autre ? Comme on pouvait s'y attendre, ma perle aussi avait été ensorcelée et dépassait l'imagination de l'artiste. Par le trou du nez au milieu du visage, les perles se multipliaient comme des flammèches de fumées. Des perles ! Des perles ! Des perles ! Elles glissaient en cascades, généreusement, le long d'une langue sortant par le trou du nez. Une des perles roulait sans hésitation hors du nez, venant des poumons de l'ombre blanche, le long de la langue molle. L'ombre exécuta une danse folle, portant les perles de façon sauvage et souple.

Je commençais à monter sur l'ombre qui dansait cette danse de plaisir sans me regarder, moi qui ne voulais commettre aucune erreur. J'attrapai l'ourlet d'un long tissu flottant, blanc comme neige et brandis fièrement ma perle resplendissant d'une brillance divine. Dans la lumière vague, l'escalier en colimaçon continuait sans fin. J'avais créé cette lumière pour la perle et voilà que son ombre allait se lever comme se lève la lumière de la lune !

Ému profondément, je ressentais différents sentiments de surprise. Je mettais des couleurs jeunes et lumineuses et utilisais des fragrances comme dans mon tableau *Ensorcelée par une malédiction*, mais, Rikako continua à m'attaquer et à me voler. Comment avais-je pu faire confiance à cette femme ? Une merveilleuse image d'une déesse qui, après tout, n'aurait jamais pu survenir même si j'avais tout fait pour bien la peindre, et voilà qu'elle apparaissait, là, soudainement sous mes yeux.

De même que l'âme de ce jeune homme avançait en tâtonnant,

et comme je remarquai une main engourdie, l'écho du rire aigu de la chanteuse soprano me parvint. Je sentis une main engourdie, puis plus rien.

Seulement l'espace, au-dessus de mon être étourdi.

*

Index des noms et des mots japonais

Anderson, Stanley, traducteur et artiste résidant au Japon.—**9**

Aoki Nishinippon 青木繁記念大賞西日本美術展実行委員会—**8**

Ikeda Kikan, 池田亀鑑 Spécialiste de littérature japonaise ancienne et de l'étude du *Genji Monogratari* (1896-1956)—**12**

Ishibashi Fondation 石橋財団—**8**

Kawabata, Yasunari 川端康成 (1899-1972)—**12**

Manmosu no Kiba, *La défense du mammouth*, nouvelle de Yūjin Koyama「マンモスの牙」(1996)—**8**

Mancebo Bellido, Dzohara—**9**

nihonga, littéralement : peinture de style japonais—**21**

Parra Aledo, Marie, http://artdujaponcontemporain.blogspot.fr/—**9**

Perle, titre original : Tama, 珠—**8**

Sei no nanro 生の難路 (illustration de couverture : *Le chemin ardu de la vie*)—**6**

Shinseisaku 新制作協会—**8**

Yokoyama Taikan 横山大観 (1868–1958)—**27**

Zweig, Stefan, écrivain autrichien exilé au Brésil en 1939. (1881-1942—**11**

Achevé d'imprimer par Lightning Source, en juin 2016